*Dreh dich nicht um*

**Impressum**

Copyright: © 2013,
Renate Maria Riehemann

Herstellung und Verlag:
BoD - Books on Demand, Norderstedt
www.bod.de

**ISBN: 9783848259656**

# Vierzig Gedichte

## Band 4

## *Dreh dich nicht um*

### Gedichte vom Glück und vom Leben

von
Renate Maria Riehemann

Zur Auswahl der Gedichte

Die Gedichte im vorliegenden
Band wenden den Blick
liebevoll, kritisch, teilweise
auch ironisch, auf die Wahr-
nehmung von Glück und vom
Miteinander, auf Menschen
und ihr alltägliches Tun.
Auch mit dem Geschehen in
der Natur wird Fühlung
aufgenommen.

Leichte und tiefsinnige Ge-
dichte in gereimter und unge-
reimter Form finden sich zu
einem Reigen zusammen.

*Renate Maria Riehemann*
*Januar 2013*

*Wer den Regen meidet,*

*kennt sein Streicheln nicht.*

---

## Unverdient

Plötzlich fällt
das Glück von Himmel

Du weißt nicht warum
Du weißt nicht für wen
Du weißt nicht
ob du es aufheben sollst

Du bist nicht gewohnt
es zu finden
vor deinen Füßen

Du hast Angst
du könntest es
zerbrechen
verlieren
oder
noch schlimmer
fälschlicherweise
gefunden haben

## Ahnung von Glück

Manchmal
ist das Leben hektisch
und arbeitsam
sind die Menschen

Doch manchmal
denkst du:
Wie konnte ich die Schönheit
des Alltags übersehen

Und du merkst:
Es war der Sonnenstrahl
eines einzigen Menschen
der an dich denkt
der mit dir fühlt
der dich mag

Und du spürst
eine Ahnung
von Glück

### *Du bist unersättlich*

Die Sonne geht auf am Morgen

Dich erwartet ein Tag ohne
Sterben

Dich erwartet eine Nacht ohne
Hunger

Dich erwartet ein Bett

Du bist nicht müde
Du bist unersättlich

Du willst sterben vor Glück
und
die Sonne sehen in der Nacht

## Sieben Weiber

Ich traf sieben Weiber
auf dem Weg zu dir.
Sie hüteten das Leben.
Sie schenkten es mir.

Das erste gab Liebe,
das zweite Leid.
Das dritte sprach schließlich
von Einsamkeit.

Das vierte gab Leben,
das fünfte den Tod.
Das sechste war sprachlos,
gab Wasser und Brot.

Das siebte am Ende
schenkte Sehnsucht mir.
Hält mir mein Herz warm
Führt mich zu dir.

## Gemeinsam

Schweig
damit ich dich verstehen kann

Halt an
damit wir gehen können

Verschließ deine Ohren
damit du hören kannst

Gemeinsam lass uns den Tag
begrüßen und die Nacht

Und dann beginne:

Erzähle mir von uns
mit Antworten und Fragen

## Camping

Biedere Leben
um mich herum

Zelte und Vorzelte
Fußabtreter und Geranien

Und wir
mittendrin

Proleten unter den Campern
zeigen sich bei Regen

Und ich
bin stolz

auf den Campingkocher
und meine drei Kinder

## *Amsterdam*

Korbstühle draußen
und Grachten reichlich
zwingen die Straßen
zur Ruhe

Altes und neues
mischt sich

Menschen sind hier
selbstverständlich verschieden

Ich sitze im Straßencafé
mit meiner Verrücktheit
und fühle mich
annähernd zu Hause

### *Heimatlos*

Tatjana

Achttausend
von zu Haus

Nicht nur
Worte
fehlen
hier und da

Tränen
um Kasachstan

Tatjana

## Sinnlose Hektik

Stühle streiten
ums Recht
besetzt zu werden

Menschen sitzen
festgebacken
Pampe

Und zäh
der Brei
des Lebens

## Unterwegs

Allein verweile ich mit mir
Und mit einem Blatt Papier
Darauf will ich von Liebe
schreiben

Sehnsucht will zu dir hinaus
Friert so leicht im fremden
Haus
Lässt mich heut nicht lange
bleiben

Blei legt sich auf meine Lider
Schon hat sich Erinnerung
wieder
schwer auf mein Gemüt gelegt

Worte sollen mein Schlüssel
sein
Auf dem Weg so ganz allein
schau ich gern in manches Tor

Liebe Worte möcht ich
schreiben
Bei dir möcht ich immer
bleiben
Doch jetzt
will ich weiterziehen

## *Wechselzeit*

Ich möchte dich begreifen

Von Kopf bis Fuß
Von Anfang an

Und mit dir weiter reifen
Und mit dir welken

Irgendwann

## *Loblied der Mutter*

Die Mutter ist der Stamm
mit Krone
Die Kinder gleichen
starken Ästen

Und wächst der Baum dem
Licht entgegen
die Krone dicht
und stark der Stamm
sind es die Wurzeln
derentwegen
die Mutter Stürmen
trotzen kann

## *Aufräumarbeiten*

Es sollt der Mensch mal in
sich gehen,
dass er von innen nicht mehr
stinke.
Recht tief in jede Ecke sehn,
auch in die engste, die ganz
linke.

Dann kehr er aus und wische
gründlich,
dass jeder Winkel blinkt und
blitzt.
Dies mach er schriftlich oder
mündlich,
bedenkend was am besten
nützt.

Er putz mit Sorgfalt auch die
Liebe,
schau jetzt nach vorne, nicht
zurück.
Schreib für erledigt, was
besehn ist
und sammle fortan reichlich
Glück.

## Telefonat am Morgen

.....

Ich habe einen Preis
gewonnen. Im Kühlschrank
ist die Milch geronnen.
Die Schultern
tun mir heute weh und
draußen
liegt noch immer Schnee.

Die Vögel sangen laut
heut Morgen. Nein,
ich habe keine Sorgen.
Nur manchmal
fühle ich mich alt
und
meine Wohnung ist zu kalt.

Schneeglöckchen hab ich
schon entdeckt. Da wo die

Eier waren versteckt.
Und wann
wollt ihr mich nun besuchen?
Ich back bestimmt den
Apfelkuchen.

Heute Mittag
kommt Alwine
zum Essen. Ich
hab doch glatt
die Post vergessen.
Und gestern
war der Geburtstag von Tante
Marie.
Und
Ach, Papas Tod,
den verwinde ich nie.

## *Meine Zeit für euch*

Ich wünsche mir
ein Stückchen Leben
ein bisschen Muße
meine Zeit
anspruchslos
nicht für mich

Gedanken spinnen
aus Lebensfäden
in vielen Farben
schillernd
auch für euch

Leuchtende Fäden
unter der Last
meines Alltags
meiner Gedanken
meiner Ansprüche
die auch eure sind
in Liebe verpackt

Ich wünsche mir
ein bisschen Zeit
anspruchslos
nicht für mich

Mein Netz knoten aus
sorgsam gewählten Farben
meine Farben
euer Geschenk

Gedanken stärken
jeden Knoten
eure Gedanken
Gedanken an euch
ein haltbares Netz
das mehr trägt als mich
mein Leben
mit euch

## Man hat frei

Ein freier Tag
kommt wie ein Segen
Zu Hause kann man
sich mal regen und
was für die Fitness tun

Jungfräulich
liegt er da der Tag
Zum Frühstück gibt's
was man besonders mag
Jetzt wird
die Liste vorgenommen

Zunächst ein wenig
Ordnung machen
Weg mit dem Stapel dort
und den alten Krempelsachen
die nicht mehr zu gebrauchen
sind

Man bezieht die Betten frisch
Bringt Selbstgekochtes auf den
Tisch
Tut einfach heut
wofür man Zeit hat.

Macht Großputz schnell am
Nachmittag
Bringt Stunden zu im
Supermarkt
Und gönnt der Seele frische
Blumen

Der Tag nimmt zügig seinen
Lauf
Hätt man die Wahl
Man hielt ihn auf
ein bisschen mehr zu schaffen.

Für Fitness bleibt doch keine
Zeit

Die Wäsche ist noch nicht so
weit
Und überhaupt
es reicht jetzt

Hausanzug an und Beine hoch
Fernsehen und Bierchen noch
Mindestens zwei Krimis

Man hatte sich viel
vorgenommen
Sei wieder mal zu nichts
gekommen
Klagt man am nächsten
Morgen

### *Freundin*

Worte wechseln
Verstehen geben
Leben lassen

Blicke erlauben
Gefühle hören

Weit weg sein können
und trotzdem
mit dir reden

Du folgst mir
soweit möglich

Ansonsten
aus Freundschaft

Das haben wir
uns verdient
über die Jahre

### *Stolz auf dich*

Fühl dich an diesem Tag
von mir
mit stolz geschwellter Brust
und einem
Ich wusste es schon immer
Gesicht
ganz herzlich
in den Arm genommen

Und wenn du
genau hinschaust
dann wirst du sie sehen
die stolzen Tränen
für dich
in den Augen deiner Freunde

## Penner

Winterwelt
schneeerhellt
Tagessorgen
morgen

Blicke suchen in der Nacht
wohlbedacht
dunkle Ecken
warme Flecken

Sorgenalt
die Gestalt
schleicht daher
bangt nicht mehr

Sieh ihn an
diesen Mann
ganz versoffen
ohne Hoffen

Winterwelt

## Der Student

Da sitzt er in der Runde
Man schau auf sein Gesicht
Er zieht des Lebens Kreise
Dem Vortrag folgt er nicht

Die anderen Gesichter
sie sind vom Alter gleich
voll maskenhafter Mimik
Nur seins wirkt sorgenreich

Da wagt jemand den Einwand
der Vortrag sei konfus
es fehlt die grade Furche
Man komme doch zum Schluss

Die Zuhörer erwachen
Der Referent erbleicht
Ein Maximum an Spannung
ist jetzt abrupt erreicht

Da sitzt er in der Runde
Der Redner rührt ihn kaum
Voll Hoffnung auf den Wechsel
verlässt er jetzt den Raum

Glück sein Zukunftstraum

## Winterauszug

Der Winter heißt nicht länger
Freund
Wenn die Tage näher
aneinander rücken
Uns Vögel früh schon mit
Gesang entzücken
Und das Leben wieder
liebenswert erscheint.

Dieses kleine Stückchen Zeit
Um das es früher heller wird
am Morgen
Es nimmt die dunkle Decke
mir
von meinen Alltagssorgen
Und macht sie wieder leicht

Beim frühen Milchkaffee im
Bette
Muss ich nicht mehr ins

Dunkle sehen
Auf den Forsythien
die im Garten stehen
Malt die Sonne mir ein gelbes
Bild

Mir bleibt viel Zeit an diesem
Morgen
Ich kann die Nägel mir noch
rot lackieren
Das neue Kleid mal
anprobieren
Und mich besehen im
Spiegelbild

Das Auto bleibt in der Garage
Es macht heut Spaß zu Fuß zu
gehen
Den Leuten lächelnd ins
Gesicht zu sehen

Zu tun als wärs so jeden
Morgen

Die Primel im Büro blüht
fleißig
Und solls zwei weitere Wochen
tun
Es ist die Zeit nicht
auszuruhen
Wenn alles wächst in diesen
Tagen

## *Pizza nach Punkten*

Wir teilen
Pizza und Leben
du und ich
aus Kostengründen

Der Wein ist leer
Wir stopfen und stopfen
verletzte Gefühle
in uns hinein

Wortfetzen und Satzanfänge
fliegen über den Tisch
passieren und werden
gesetzt gespielt

Ein Sieg nach Punkten
für dich und die Kinder
Kein Handschlag danach
nur Einsamkeit

## *Eheglück*

Eheglück
durchwachsenes Stück.
zusammen gelebt –
zusammengelebt
auf Wolken geschwebt
herunter gefallen
trotz allem

Große Sachen
Kinderlachen
fester Rahmen
Wut ohne Namen
herausgebrüllt
Sehnsüchte blieben
ungestillt

Nebeneinander
gegangen
im Alltag gefangen
weggeschaut
anderen Armen vertraut

in die Ordnung zurück
häusliches Glück

Fragen gestellt
das Dunkel erhellt
Flaschen geleert
Dreck weggekehrt
manche Nacht
Ordnung gemacht

Trotz allem
es hat auch gefallen
und manchmal gewiss
den richtigen Biss
dies halbgare Stück
Eheglück

## *Patsch*

Wenn ich den Mond anschau
bei Nacht
wie er mir große Augen macht
dann glaub ich an den Mann
im Mond
und
dass es sich zu leben lohnt


Wenn ich zum Himmel seh bei
Tag
den Flockenwolken Namen sag
ein Schaf sein Köpflein zu mir
wendet
dann weiß ich
dass mein Glück nicht endet

Wenn ich durch den Regen
gehe
den Schirm so tief
dass ich nichts sehe
und trete PATSCH in eine
Pfütze
dann weiß ich
ich bin zu was nütze.

## *Pfützen*

Die Sonne scheint
Der Regen lacht

Das Plätschern
in den Pfützen
macht
sagen wir es
mal ganz krass:

Das Herz mir weit
und
meine Füße nass

### Ich allein

Ich möchte wachsen
allein
an mir selbst
an meinen Erfahrungen

Ich möchte sein
allein
im Einklang
mit meinen Gefühlen

Ich möchte lieben
wahrhaftig
zwecklos
in grenzenloser Offenheit

Ich möchte leben
allein
mit meiner Zeit
voll Zuversicht

## An die Freunde

Ich weiß wohl
um mein
trautes Glück,
ihr braucht mir nichts zu
sagen.
Und doch,
die Zeiten ändern sich:
Es ist nicht leicht zu tragen.


Vielleicht
hat einst der Schmetterling,
der mir vom Fliegen sprach,
so leicht und zart
mein Herz bewegt,
dass es
wie Glas zerbrach.

Vielleicht
hat mich ein Sonnenstrahl
vom letzten Herbst verführt,
der tausendfarbig
glitzern ließ,
was mich sonst
nie berührt.


Ich lob jetzt nicht mehr
den Verstand,
Vernunft
wird mir zur Qual.
Vernünftig
war ich lang genug
und
bleib ich allemal

## *Flirten*

Unter hundert Leuten
fällst du mir auf
Ich stelle mich
ganz ungeniert
und groß
in deinen Blick

Keine Chance
gebe ich dir
mich zu übersehen
und hoffe
mit klopfendem Herzen
dass du mich bemerkst

Ein Augenblick
ein Zwinkern nur
warten bis du kommst
Ein paar Worte und ein
passendes
um schnell zu forsch zu
werden

Du gehst
Ich folge dir
Du wartest schon
Ich habe Grund
und nutze ihn
mich zu entschuldigen

## *Oder umgekehrt*

Dich sehen
und dir nicht nah sein

Dich spüren
und dich nicht fühlen

Dich wollen
und nicht behalten

Für einen Moment
oder länger

Allemal besser
als umgekehrt

## *Valentinstag*

Was soll
dies Gerede
von der Liebe
ewiglich

Ich
verlieb mich
immer wieder

Immer wieder
lieb ich
dich

## *Verliebt*

Ich bin nervös
und
mir ganz unbekannt

hab ich so ein Gefühl
ganz tief
in meinem Bauch

Ich hoffe sehr
du
fühlst es auch

### *Selbstbildnis*

Herbsttage leuchten
in satten Farben
warm wie mein Fühlen

Bei jedem Schritt
auf bunten Blättern
mein Leben spüren

Dieser Moment
in meinen Farben
golden und kräftig

Voll Erwartung
die Zukunft sehen
in der Vergänglichkeit

Den Frühling ahnen
in jeder Knospe
Ich.

## Geburt eines Tages

Wenn Regentropfen
ohne Zögern
den Tau überrunden

Und unter ihnen
die Erde
nur mit Mühe
schwer
noch atmen kann

Steigt heißer Atem
langsam höher
überkriecht sanft
unberührten Boden

Um sich im Nebelmeer zu
einen
das tagesschwangerer Luft
sich selbst
als Opfer preist

zum Ruhm
der Sonnenstrahlen
eines einzigen Tages

## *Leichter Sitz*

Was ist das für ein Gefühl,
fragst du,
auf dem Rücken deines
Pferdes?


Es ist, sag ich dir, einfach
berauschend,
wenn ich den Wind am ganzen
Körper spüre
und meine Bewegungen dem
Tier anpasse,
auf das ich mich im Moment
der Gefahr
ganz verlasse.

Seine Kraft,
seine Schnelligkeit und seine
Trittsicherheit
für mich selbst
beanspruche,

Wenn die angespannten
Körper ganz lang werden
beim Spaß an der kraftvollen
Bewegung,
die mich die Grenzen nicht
spüren lässt,
wenn mein Pferd schneller und
schneller wird und wir über
die Weite
fliegen,

Während ich
im leichten Sitz
nur die grobe
Richtung angebe

## Regenzeit

Warum, fragst du, gehst du in
den Regen?

Ich sage dir,
ich liebe ihn von Zeit zu Zeit.

Er streift das Gemüt,
nimmt ungeweinte Tränen mit
und lässt daraus ein
Nebelmeer wachsen,
aus dem Wünsche
emporsteigen,
die sich an knorrigen Ästen
sammeln,
um den Wehmutstropfen nahe
zu sein,
die aus meiner Seele regnen,
wenn Gefühle tanzen,
nach einer fremden Melodie,
die von Sehnsüchten erzählt.

## *Herbstabend im Park*

Letzte Sonnenstrahlen
Bewahren die Zeit
Für eine Weile
Schließe ich die Augen

Vögel streiten
Mir Gute Nacht zu sagen
Bucheckern fallen
Nicht ins erste braune Laub

Wie sanft der Himmel
Wie leise die Welt
Wie leicht die Zeit
In meinen Händen

## Buschwindröschenmeer

Buschwindröschenmeer
wogt um mich her
bespielt vom Schatten der
Bäume
blühende Träume


Behender Schritt
leicht widerhallt
auf weichem Grund im
Buchenwald
am Rande wilde Kirschen
blühn
strahlend weiß im
Frühlingsgrün


Am Fuße jetzt leuchtender
Löwenzahn
warme Winde der Seele nahn
tragen dem wachen Gemüt

im Nu
kindliche Spiele und Freude zu


In meiner Hand das Veilchen
macht für ein kurzes Weilchen
auf dem Hügel nahe dem Haus
mein Leben aus

## Auf der Bank

Um mich ein Puzzle hoher
Berge
mit Resten noch vom letzten
Schnee
glitzernd in der
Frühlingssonne
tun müden Winteraugen weh

Gelb leuchten Primeln mir
entgegen
duftende Veilchen kann ich
küssen
verdrängen leicht die
Alltagssorgen
morgen werd ich euch
vermissen

Welk liegt das Gras vom
letzten Jahr
doch seh ich frisches Grün
schon sprießen

Dies und mein Hoffen auf den
Frühling
lässt es mich doppelt heut
genießen

Hier ist ein stiller Fleck am
Waldrand
hier leg ich Rast ein auf der
Reise
um Stimmungsbecher
aufzufüllen
zu ruhen dort
wo es ganz leise

Mein Blick verliert sich in den
Bergen
zum Greifen nah stehn sie vor
mir
lassen Sorgen kleiner werden
Drum bleib ich noch ein
Weilchen hier

# *Fantasiereise*

Müde
stumm
steh ich am Fenster
verlier mich einfach so hinaus
Gedanken wollen mir
entfliehen
haltens nicht mehr bei mir aus

Vom letzten Herbst
die welken Blätter
seh ich tanzen in den Bäumen
Gemächlich
schwingen kahle Zweige
verleiten mich zum Träumen

Schmale Gassen
wilde Wege
fast unbekannt und
menschenleer
Lichte Schneise
weite Wälder

am See hält keine Trauer mehr

Dunkelgrün
das stille Wasser
meiner Gedanken Widerhall
Warme Winde
kühler Schatten
sanft ins satte Grün ich fall

Während ich am Boden liege
ist Eile
mir ganz unbekannt
Es gleiten träumend die
Gedanken
sanft
aus offener Hand


Ich wander weiter
und zurück

Sorgen
werden mir doch klein
Ganz allein
und um mich Weite
hier
kann ich vollkommen sein

## Abend im Gepäck

Nebelschwaden
lichtdurchschienen
wachsen sanft
auf Wies und Feld
Nicht nur Amseln singen leiser
leise tröstend in die Welt

Die Sonne wandert tief
und tiefer
Beleuchtet feurig
Blatt um Blatt
Lösen tanzend sich vom Aste
der seine Früchte nicht mehr
hat

Ich trag den Abend im Gepäck
Er wird mir leichter Jahr um
Jahr
Weil ich gelassen ihn
verbrauche. Verbrauche
bis er nicht mehr da.

*Lass dich von Sonne und Regen
streicheln*

*Berühre die Welt*

# Verzeichnis der Gedichte

# Vierzig Gedichte

## Band 1 bis 5

Band 1

### *Meine Rose heißt wie du*

> Gedichte vom Erblühen
> der Liebe

> ISBN 9783848263097

Band 2

### *Durch dein Schweigen*

> Gedichte vom Verblühen
> der Liebe

> ISBN 9783844802726

---

Band 3

***Zeit schrumpft mühsam***

>Gedichte um Trauer und
>Abschied

>ISBN 9783848259618

Band 4

***Dreh dich nicht um***

>Gedichte vom Glück und
>vom Leben

>ISBN 9783848259656

Band 5

***Mäntel um unsere Wünsche***

>Gedichte vom Kampf um
>die Liebe

>ISBN 9783848259670